Johann Joachim

QUANTZ

TRIO SONATA

in D Major

FOR FLUTE OR OBOE, VIOLIN AND BASSO CONTINUO (CELLO)

K 04817

Triosonate
für Flöte (Oboe), Violine und Generalbaß

Joh. Joachim Quantz
(1697 - 1773)

4
cresc. poco a poco
cresc. poco a poco
cresc. poco a poco
tr
tr
tr
tr
f
f
mf
mp
mp
mp
8
cresc. poco a poco
mf
p
poco rit.
tr
cresc.
cresc.
f
tr
f
cresc
mf
12
cresc.
mf
poco rit.
Allegro (♩ = 84)
mp
p
p
p
4817

tr
mp
mf
mf
mf
mf
mf
mp
mp
mp
tr
tr
tr
tr
poco rit.
cresc. molto
cresc. molto
cresc.
cresc. molto
f
f
f
f
poco rit.

a tempo
mp
cresc.
mf
tr
mp
p
tr
a tempo
p
mp
mp
cresc.
mf
p
mf
p
tr
tr
mf
mp
tr
mf
cresc.
cresc.

dim.
dim.
dim.
mf
mf
dim.
29
f
f
p
tr
mp
p
mp
33
tr
mp
p
p
f
mf
f
mf
mp
mp
37

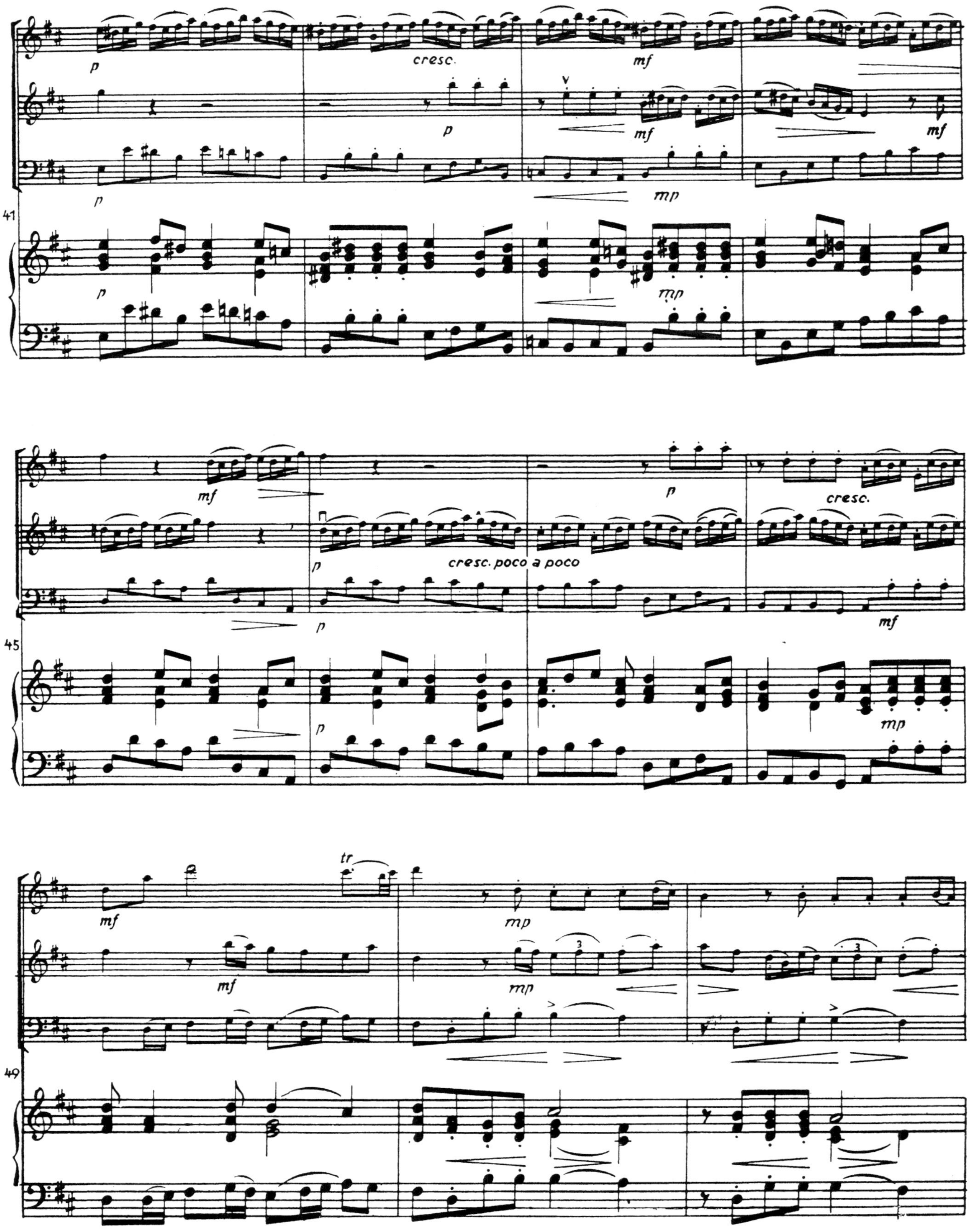
p
cresc.
mf
p
mf
mf
p
mp
41
p
mp
mf
mf
p
cresc.
p
cresc. poco a poco
p
mf
45
p
mp
tr
mf
mp
mf
mp
49

Triosonate
für Flöte (Oboe), Violine und Generalbaß

Joh. Joachim Quantz
(1697 - 1773)

4817

2
poco rit.
a tempo
cresc.
f
p
cresc.
mf
dim.
p
mp
p
mp
p
mf
mp
cresc.
4817

3
Largo (♩=50)
Allegro (♩=92)
4817

4
4817

Triosonate

für Flöte (Oboe), Violine und Generalbaß

Joh. Joachim Quantz
(1697 - 1773)

poco rit. a tempo
tr
f
mp
tr
p
mp
cresc.
mf
tr
mp
mf
f
dim.
p
tr
mf
f
mf
p
mf
mf
p
cresc. poco a poco
mf
mp
3
3
mf
tr
mp
mf

58
f
61
p
tr
rit.
tr
f
ff
Largo (♩=50)
1
p dolce
4
mp
7
tr
mf
p
10
mp
mp
1
14
mp
tr
tr
p
cresc.
17
tr
tr
tr
f
pp
Allegro (♩=92)
5
mf
10
f
p
15
cresc.
tr
mf
20
cresc.
mf
3
4817

4
cresc.
f
poco rit.
tr
1.
2.
a tempo
mp
mf
f
p
f
p
mf
f
mf
f
dim. poco a poco
1
p
mf
1
p
cresc. poco a poco
tr
mf
f
poco rit.
tr
1.
2.
ff
ff
4817

Triosonate

für Flöte (Oboe), Violine und Generalbaß

Joh. Joachim Quantz
(1697-1773)

4817

poco rit. a tempo
cresc. molto
f
mp
cresc.
mf
mp
p
tr
mf
tr
f
dim.
p
tr
mp
f
mf
p
cresc.
mf
mf
mf
p
cresc.
mf
mp
mf
mf
f

3
58
61
rit.
tr
tr
p
f
ff
Largo (♩.=50)
p dolce
4
mp
7
mf
p
mp
tr
tr
10
mp
p
mp
tr
13
tr
tr
p
16
tr
tr
rit.
tr
cresc.
f
pp
Allegro (♩=92)
mf
7
12
cresc.
17
f
p
cresc.
tr
4817

4
23
mf
cresc.
poco rit.
tr
1.
2.
28
f
a tempo
32
4
mf
40
f
p
f
p
45
mf
f
50
mf
ƒ
55
dim. poco a poco
60
p
mf
66
1
p
72
cresc. poco a poco
76
mf
poco rit.
tr
tr
1.
2.
80
f
ff
ff
4817

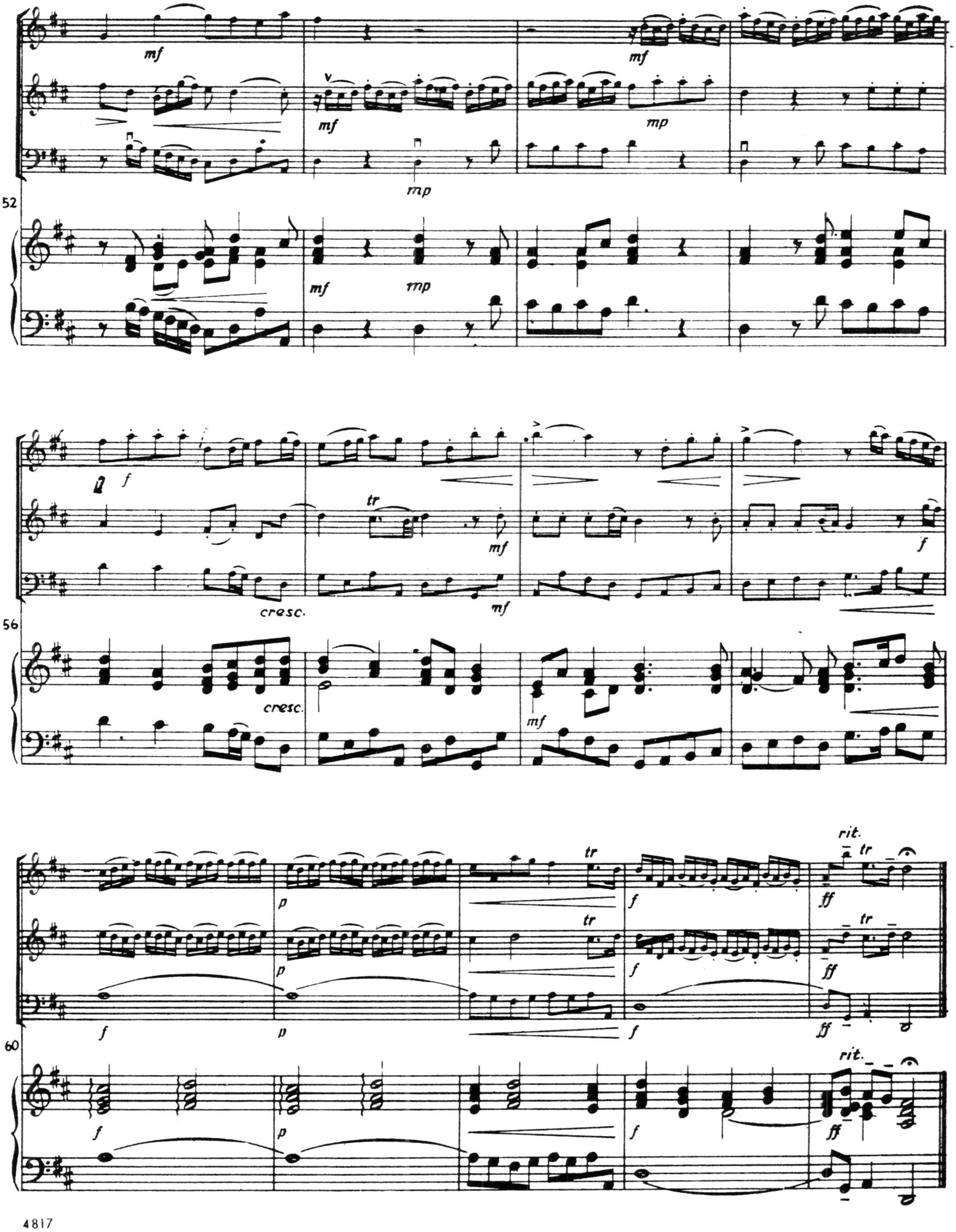
52
mf
mp
56
f
cresc.
60
tr
p
rit.
ff

Largo (♩ = 50)
p dolce
p dolce
pp
pp
mp
mp
tr
tr
mf   p
mp
tr.
mf
p
mf   p
mf   p

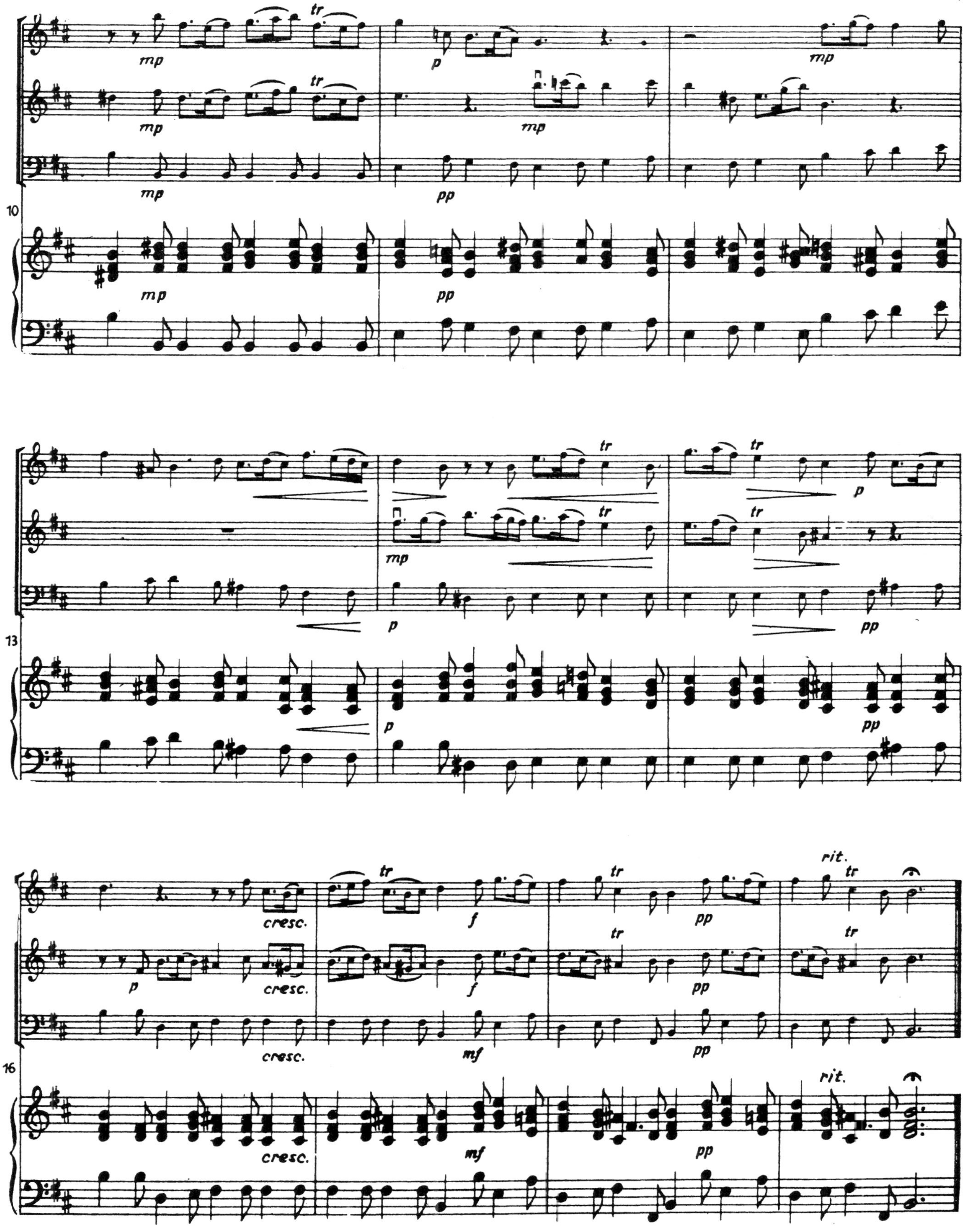
10
mp
tr
p
pp
13
p
pp
16
cresc.
f
mf
rit.

Allegro (♩ = 92)
mf
mf
mf
mf
cresc.
f
p
cresc.
p
cresc.
tr
tr
f
p
mf
p
cresc.
mf
p
cresc.
9
16

mf
cresc.
tr
f
mf
cresc.
f
mf
cresc.
f
23
mf
cresc.
f
poco rit.
tr
1.
2.
a tempo
tr
mf
mp
mf
p
mf
30
poco rit.
1.
2.
a tempo
p
mf
f
p
f
f
p
f
f
p
f
37
f
p
f
f
p
f

p
mf
f
43
p
mf
f
p
mf
f
p
mf
tr
mf
f
mf
f
mf
f
mf
50
mf
f
f
dim. poco a poco
p mf
dim. poco a poco
p
mf
dim.
p
mf
57
dim.
p
mf

65
cresc. poco a poco
cresc. poco a poco
cresc. poco a poco
cresc. poco a poco
72
poco rit.
79
poco rit.
4817